国家数字图书馆工程标准规范成果

国家图书馆期刊论文
元数据规范与著录规则

张建勇　王　洋　主编

国家圖書館出版社

图书在版编目（CIP）数据

国家图书馆期刊论文元数据规范与著录规则/张建勇,王洋主编. --
北京:国家图书馆出版社,2014.12
（国家数字图书馆工程标准规范成果）
ISBN 978 - 7 -5013 -5473 -3

Ⅰ.①国… Ⅱ.①张… ②王… Ⅲ.①中国国家图书馆—学术期
刊—数据管理—规范 ②中国国家图书馆—学术期刊—著录规则
Ⅳ.①G255.75 -65

中国版本图书馆 CIP 数据核字（2014）第 234278 号

书　　名	国家图书馆期刊论文元数据规范与著录规则	
著　　者	张建勇　王　洋　主编	
丛 书 名	国家数字图书馆工程标准规范成果	
责任编辑	高　爽	

出　　版　国家图书馆出版社(100034　北京市西城区文津街 7 号)
　　　　　　（原书目文献出版社　北京图书馆出版社）
发　　行　010 -66114536　66126153　66151313　66175620
　　　　　　66121706(传真),66126156(门市部)
E-mail　btsfxb@ nlc. gov. cn(邮购)
Website　www. nlcpress. com ──→投稿中心
经　　销　新华书店
印　　装　北京科信印刷有限公司
版　　次　2014 年 12 月第 1 版　2014 年 12 月第 1 次印刷

开　　本　880 ×1230(毫米)　1/32
印　　张　2.75
字　　数　70 千字

书　　号　ISBN 978 - 7 -5013 -5473 -3
定　　价　35.00 元

本书编委会

主　编：张建勇　王　洋
编　委：刘　峥　鲁　宁　郭　舒　曾　燕　曹　宁
　　　　贺　燕　杨　静　王彦侨　槐　燕　肖　红
　　　　刘小玲

总　序

　　数字图书馆涵盖多个分布式、超大规模、可互操作的异构多媒体资源库群,面向社会公众提供全方位的知识服务。它既是知识网络,又是知识中心,同时也是一套完整的知识定位系统,并将成为未来社会公共信息的中心和枢纽。数字图书馆建设的最终目标是实现对人类知识的普遍存取,使任何群体、任何个人都能与人类知识宝库近在咫尺,随时随地从中受益,从而最终消除人们在信息获取方面的不平等。"国家图书馆二期工程暨国家数字图书馆工程"是国家"十五"重点文化建设项目,由国家图书馆主持建设,其中国家数字图书馆工程的建设内容主要包括硬件基础平台、数字图书馆应用系统和数字图书馆标准规范体系。

　　标准规范作为数字图书馆建设的基础,是开发利用与共建共享资源的基本保障,是保证数字图书馆的资源和服务在整个数字信息环境中可利用、可互操作和可持续发展的基础。因此,在数字图书馆建设中,应坚持标准规范建设先行的原则。国家数字图书馆标准规范体系建设围绕数字资源生命周期为主线进行构建,涉及数字图书馆建设过程中所需要的主要标准,涵盖数字内容创建、数字对象描述、数字资源组织管理、数字资源服务、数字资源长期保存五个环节,共计三十余项标准。

在国家数字图书馆标准规范建设中,国家图书馆本着合作、开放、共建的原则,引入有相关标准研制及实施经验的文献信息机构、科研机构以及企业单位承担标准规范的研制工作,这就使得国家数字图书馆标准规范的研制能够充分依托国家图书馆及各研制单位数字图书馆建设的实践与研究,使国家数字图书馆的标准规范成果具有广泛的开放性与适用性。本次出版的系列成果均经过国家图书馆验收、网上公开质询以及业界专家验收等多个验收环节,确保了标准规范成果的科学性及实用性。

目前,国内数字图书馆标准规范尚处于研究与探索性应用阶段,国家图书馆担负的职责与任务决定了我们在数字图书馆标准规范建设方面具有的责任。此次将国家数字图书馆工程标准规范研制成果付梓出版,将为其他图书馆、数字图书馆建设及相关行业数字资源建设与服务提供建设规范依据,对于推广国家数字图书馆建设成果、提高我国数字图书馆建设标准化水平、促进数字资源与服务的共建共享具有重要意义。

国家图书馆馆长　周和平
2010 年 8 月

2

目　　录

前　言

　　期刊论文的出现时间久远,在学术和文化交流过程中扮演着记录科学成果、传播科学知识的重要角色,在数字时代期刊论文依然是重要的文献类型,在知识传播体系中发挥着重要的作用。期刊文献一直是图书馆资源建设体系的重要部分,如何有效描述和组织期刊文献资源,全面揭示期刊论文的内容要素和形式特征,成为人们有效发现及获取所需要的期刊论文资源的关键。当前世界范围内已经出台了多种元数据标准规范来描述、管理期刊论文资源。为了更好地组织和揭示图书馆的资源,满足本单位的在元数据方面的应用需求,国家图书馆制订了系统的元数据项目规划与实施计划。本书就是"国家图书馆专门元数据标准与著录规范"项目的成果之一,在充分利用国际上相关元数据研究应用成果的基础上,根据国家图书馆的应用需求,制订了支持元数据数据交换、复用、转换和整合要求的期刊论文元数据规范和著录规则,满足国家图书馆和相关机构的期刊论文资源揭示与管理需求,以促进图书馆期刊论文资源的管理和服务的有效集成。

　　本书的基本内容包括期刊论文元数据规范、期刊论文元数据著录规则和样例数据。期刊论文的元数据规范遵循了描述元数据的两层基本结构:核心元素和资源类型核心元素,由 13 个核心元素(修饰词 22 个,编码体系修饰词 15 个)和 2 个资源类型核心元素(修饰词 3 个)组成,大部分元素都扩展了元素修饰词和编码体系修饰词。元素的选取主要基于对期刊论文资源内容及形式特征的分析,及对国家图书馆期刊论文描述、揭示、使用之需求的调研结果;同时参考了国家标准 GB/T 25100—2010《信息与文献——都柏林核心元数据元素集》、ANSI/NISO Z39.85—2007《都柏林核心元数据元素集》(ISSN：1041 – 5635)、都柏林核心元数据计划(The Dublin Core Metadata Initiative, DCMI)发布的《都柏林核心元数据元素集》1.1 版(2008 – 01 – 14)、RFC 5013《都柏林核心元数据元素集》，及科技部科技基础性工作专项资金重大项目《我国数字图书馆标准规范建设》子项目《专门数字对象描述元数据规范》的研究成果。

期刊论文元数据著录规则是为了更好地理解和操作期刊论文元数据规范编写的指南性文档，详细规定了期刊论文资源的著录原则、著录内容、著录单元、著录信息源和著录项目、文字和符号等。根据该著录规则用户即可采用期刊论文元数据规范去选择需要著录的最小资源对象，选择合适元素去描述该资源，同时可根据该规则来确定信息源和著录用文字和符号等。样例数据为用户提供直观的数据描述样本，有利于用户对期刊论文元数据规范和著录规则的理解。

第一部分由张建勇、刘峥负责撰写，第二部分和附录由张建勇、鲁宁、郭舒、曾燕负责撰写，王洋负责对全稿修改审核。曹宁、贺燕、杨静、王彦侨、槐燕、肖红、刘小玲在元数据规范、著录规则和著录范例的撰写过程中提出了修改意见并参与修改。

本书在成书的过程中，得到了国家图书馆业务处的大力帮助，也得到了国家图书馆出版社的支持，在此一并致谢。

编者

2014 年 9 月

第一部分　国家图书馆期刊论文元数据规范

研制说明

本标准为国家图书馆期刊论文元数据规范。

本标准规范遵循《国家图书馆元数据核心元数据集》《国家图书馆专门元数据设计规范》《国家图书馆管理元数据规范》，同时参考了国际标准 ISO 15836:2009《信息与文献——都柏林核心元数据元素集》、ISO 639—2《语种名称代码表》等。

本标准在分析国家图书馆数字资源的基础上，从期刊论文的描述、定位、检索、保存和管理等功能出发，设计了适用于期刊论文描述的最小元素集合，共设置了 15 个元素和 25 个元素修饰词，并对每个元素和元素修饰词进行定义与描述。

1 范围

国家图书馆期刊论文元数据标准是国家图书馆期刊论文描述的标准,是根据期刊论文的共同特点确定的元数据集合。通过这些元素/修饰词,以实现对期刊论文资源的描述、定位、管理、检索、评估选择、交互和长期保存的功能。

本标准保持与国家数字图书馆数字资源元数据总则、唯一标识符、对象数据、长期保存的相关标准和项目成果的一致性以及与科技部《我国数字图书馆标准与规范建设》、CALIS《中国高等教育数字图书馆技术标准与规范》等标准规范合理的一致性。

本标准仅定义"期刊论文"的元素/修饰词集。"期刊论文"主要是指期刊的析出文献,是发表在期刊文献上的学术文章(不含简介、致谢、编者按、广告等)。除论文内容以外,期刊论文还包含作者姓名、所属机构等信息。

本标准主要是针对国家图书馆期刊论文的通用性元素进行描述,对于其他未包括在内的,以及在应用发展中可能会出现的信息,可以在本标准规范框架的基础上进行扩展设计。

2 规范性引用文件

下列文件中的条款通过本标准的引用而成为本标准的条款。凡是注明日期的引用文件其随后所有的修改(不包括勘误的内容)或修订版均不适用于本规范。凡是不注明日期的引用文件,其最新版本适用于本规范。下列方括号中的缩写是该文献在标准正文中被引用时出现的形式。

DCMI Abstract Model. [DCMI]

DCMI 抽象模型[DCMI]

<http://dublincore. org/documents/abstract-model>

DCMI Metadata Terms. [DCMI-TERMS]

DCMI 元数据术语集 [DCMI-TERMS]

<http://dublincore. org/documents/dcmi-terms/>

ISO 639—2 Codes for the representation of names of languages. Alpha-3 code. [ISO 639—2]

ISO 639—2 语种名称代码表:3 位代码[ISO 639—2]

<http://www. loc. gov/standards/iso639-2/>

Date and Time Formats, W3C Note. [W3CDTF]

日期与时间格式,W3C 注释[W3CDTF]

<www. w3. org/TR/NOTE-datetime>

Universal Resource Identifiers. (URI):Generic Syntax. [RFC3986]

统一资源标识符(URI):通用句法[RFC3986]

<www. ietf. org/rfc/rfc3986. txt>

Digital Object Identifiers(DOI).

数字对象唯一标识符(DOI)

<www. doi. org/topics/je-mh-doi-030970. pdf>

3 术语和定义

3.1 元数据 metadata

关于信息资源或数据的一种结构化的数据。

3.2 元素 element

元数据集合中用于定义和描述数据的基本单元,由一组属性描述、定义和标识,并允许对值进行限定。

3.3 修饰词 qualifier

当元素无法满足对资源对象的精确描述时进一步扩展出的术语。修饰词包括两种类型:元素修饰词和编码体系修饰词。

3.4 元素修饰词 element refinement

对元素的语义进行修饰,提高元素的专指性和精确性。

3.5 编码体系修饰词 encoding scheme

用来帮助解析某个术语值的上下文信息或解析规则。其形式包括受控词表、规范表或者解析规则。

3.6 核心元素 core element

使用频率高的、共性的、可用于不同类型的信息资源描述的元数据元素。参考 ISO 15836:2009 中的 15 项元素确定。

3.7 资源对象 resource object

作为元数据描述对象的信息资源。

3.8 规范文档 authority file

说明著录元素内容时依据的各种规范。

3.9 期刊论文 journal paper

"期刊论文"主要是指期刊的析出文献,是发表在期刊文献上的学术文章(不含简介、致谢、编者按、广告等)。除论文内容以外,期刊论文还包含作者姓名、所属机构等信息。

3.10 唯一标识符 unique identifier

唯一识别一个元数据记录的标识。一般是特定应用系统内具有唯一识别性的标识符号。可由标识应用系统的前缀与一组字符串组成,也可由系统自动产生或由人工赋予。

3.11 标识符 identifier

在特定上下文环境中的一个明确的标识。

3.12 数字对象唯一标识符 digital object identifier

数字对象唯一标识即DOI,是对包括互联网信息在内的数字信息进行标识的一种工具,所标识的数字对象类型包括期刊、图书、会议记录等各种资源。

3.13 中国国家图书馆数字对象唯一标识符 Chinese digital object identifier

国家图书馆唯一资源标识符,CDOI名称用于标识国家图书馆的数字资源、物理资源、抽象资源(如作品、概念)、虚拟网络资源以及元数据资源。通过国家图书馆给资源对象赋予的唯一标识符,可以实现国家图书馆资源对象的永久标识和持久链接。CDOI是资源的数字标识符,而不仅是数字资源的标识符。

4 期刊论文元数据基本结构

期刊论文的元数据规范遵循了描述元数据的两层基本结构:核心

元素和资源类型核心元素,由 13 个核心元素(修饰词 22 个,编码体系修饰词 15 个)和 2 个资源类型核心元素(修饰词 3 个)组成,大部分元素都扩展了元素修饰词和编码体系修饰词。

其中,核心元素均以"元数据方案:元素名称""元数据方案:元素名称. 修饰词名称"的标准格式注明来自 DC 元数据标准,以及来源元素和来源修饰词的名称。在资源类型核心元素中,凡有出处的元素也都以同样的格式注明出处。

表 1-1 期刊论文元素、修饰词列表

元素 (标签)	元素修饰词	编码体系修饰词	复用其他元数据标准
核心元素			
题名			dc:title
	其他题名		dc:alternative
创建者			dc:creator
	机构		
	责任者说明		
	责任方式		
	责任者顺序		
主题			dc:subject
	分类号	中国图书馆分类法(CLC) 杜威十进分类法(DDC) 国会图书馆分类法(LCC) 国际十进分类法(UDC) 中国科学院图书馆分类法(LASC)	

续表

元素 （标签）	元素修饰词	编码体系修饰词	复用其他元数据标准
	主题词	美国国会图书馆主题词 （LCSH） 医学主题词表（MeSH） 汉语主题词表（CT） 中国分类主题词表（CCT）	
	关键词		
	其他语种关键词		
描述			dc：description
	文摘		dc：abstract
	其他语种文摘		dc：abstract
	资助说明		
其他 责任者			dc：contributor
	其他责任者机构		
	其他责任者说明		
	其他责任者责 任方式		
日期			dc：date
	出版日期		
		W3C – DTF	
		Period	
格式			dc：format

元素（标签）	元素修饰词	编码体系修饰词	复用其他元数据标准
标识符			dc：identifier
		数字对象标识符（DOI）	
		国家图书馆唯一标识符（CDOI）	
来源			dc：source
		数字对象标识符（DOI）	
		国际标准连续出版物编号（ISSN）	
		国内统一刊号（CN）	
	卷信息		
	期信息		
	总期数		
关联			dc：relation
	参考文献		
语种			dc：language
		ISO 639—2	
	正文语种		
	其他语种		
时空范围			dc：coverage
权限			dc：rights
资源类型核心元素			

续表

元素 （标签）	元素修饰词	编码体系修饰词	复用其他元数据标准
论文类型			
范围			mods：extent
	起页		mods：start
	止页		mods：end
	总页数		mods：total

5 元素集及元素集说明

在本标准中,元素/修饰词名称为英文,英文全部小写,以便于计算机标记和编码,并保证与其他语种的其他元数据标准(如 DC)应用保持语义一致性。标签为人可读而设置(一般为中文)。由于中文字样的复杂性,对于扩展元素及修饰词的名称与标签的特殊规定如下:

● 当名称为两个或两个以上英文单词时,以小写英文书写,词间应空格;

● 标识符中的命名域中,几个词连写在一起,第二个以后的单词首字母大写;

● 标签为中文,应词义准确,不应产生歧义。

根据 DCMI 命名域［DCMI-NAMESPACE］,元素/修饰词名称("name")应附加于 DCMI 命名域的 URI 后,构成统一资源标识符,作为该元素的全球性唯一标识符。根据 DCMI 命名域政策和编码指南的解释以及本标准的应用,所有元素/修饰词均给出了国家图书馆统一资源标识符(URI)。

本标准所有元素/修饰词均为非限制性使用,如果在特定的项目或应用中使用,可进行必要的扩展,并增加使用说明。本标准中的元素/修饰词描述及示例涉及扩展描述。

本标准中的标签只是名称的一个语义属性,在具体的应用领域,为突出资源的个性和元数据的专指性,更好地体现该元素/修饰词在具体应用中的语义,允许赋予其适合的标签,但语义上与原始定义不允许有冲突、不允许扩大原始的语义。

本标准定义的所有元素/修饰词与顺序无关。同一元素/修饰词(如 creator)多次出现,其排序可能是有意义的,但不能保证排序会在任何系统中保存下来。

为促进全球互操作,部分元素/修饰词的值取自受控词表。同样,为了某些特定领域内的互操作性,也可以开发利用其他受控词表。

为了便于理解与使用,每一元素/修饰词后增加一些示例,说明其具体用法,但元素/修饰词的使用不限于示例所举。

为规范元数据标准中元素/修饰词等术语的定义,本标准所有元素术语的定义借鉴 DCMI 术语的定义方法以及 ISO/IEC 11179 标准,根据实际使用情况,从以下 15 个方面定义各术语,见表 1 – 2。

表 1 – 2　期刊论文元数据标准规范的术语定义

序号	属性名	属性定义	约束
1	标识符(Identifier)	术语的唯一标识符,以 URI 的形式给出	必备
2	名称(Name)	赋予术语的唯一标记	必备
3	出处(Defined By)	一般给出定义术语(特别是给出术语"名称"与"标识符")的来源名称及来源的 URI。如无来源名称与 URI,也可以是定义术语或维护术语的机构名称。或者也可以是书目引文,指向定义该术语的文献	必备
4	标签(Label)	描述术语的可读标签	必备
5	定义(Definition)	对术语概念与内涵的说明	必备

续表

序号	属性名	属性定义	约束
6	注释（Comments）	关于术语或其应用的其他说明，如特殊的用法等	可选
7	术语类型（Type of Term）	术语的类型。其值为：元素、元素修饰词和编码体系修饰词	必备
8	限定（Refines）	在定义元素修饰词时，在此明确指出该术语修饰的元素，一般给出所修饰元素的名称，推荐同时给出 URI	有则必备
9	元素修饰词（Refined By）	在定义元素时，在此项中给出限定此元素的元素修饰词，一般给出元素修饰词的名称，推荐同时给出 URI	有则必备
10	编码体系应用于（Encoding Scheme For）	在定义编码体系修饰词时，在此给出该术语修饰的元素，一般给出所修饰元素的名称，推荐同时给出 URI	有则必备
11	编码体系修饰词（Encoding Scheme）	在定义元素时，如果元素有编码体系修饰词，在此给出编码体系修饰词，一般给出术语的名称，推荐同时给出 URI	有则必备
12	数据类型（Datatype）	术语允许取值的数据类型	可选
13	版本（Version）	产生该术语的元数据规范版本	可选
14	语言（Language）	说明术语的语言	可选
15	频次范围（Occurrence）	术语使用的频次范围。采用区间的表示方法：(min, max)，同时包括了对必备性和最大使用频率的定义。如：$min = 0$ 表示可选；$min = 1$ 表示必备；$max = \infty$ 表示最大使用频次没有限制	可选

　　为了便于广泛使用，元数据标准定义应尽量规范。表 1 - 2 中 8—11 项为扩展时使用，上述 15 个属性可以固定取值如下：

12

1)版本:v. 1. 0;

2)语言:简体中文;

3)数据类型:字符串;

4)频次范围:一般不限,为[0,∞),以上有特殊说明的除外。

6 期刊论文元数据规范

6.1 题名

标识符:http://www. nlc. gov. cn/cn/core/elements/title

名称:title

出处:http://purl. org/dc/terms

标签:题名

定义:论文题名。

注释:通常指期刊论文的正题名,包括对正题名的解释性题名。

术语类型:元素

元素修饰词:其他题名

频次范围:[1,1]

示例:

题名:用户行为研究

其他题名

标识符:http://www. nlc. gov. cn/JNArt/terms/alternative

名称:alternative

出处:http://purl. org/dc/elements

标签:其他题名

定义:除了正题名以外的其他题名,可以替代正题名,或作为正题名的其他题名。

注释:可以包括译名和缩略题名。

术语类型:元素修饰词

限定:题名

频次范围:[0,∞)

示例:

其他题名:Research of User Behavior

其他题名:OCLC2009 年年度报告中文版

6.2　创建者

标识符:http://www.nlc.gov.cn/core/elements/creator

名称:creator

出处:http://purl.org/dc/elements/1.1/creator

标签:创建者

定义:创建期刊论文内容的主要个人或团体。

注释:通常指期刊论文著者或者编译者,包括个人、组织等。

术语类型:元素

元素修饰词:机构,责任者说明,责任方式,责任者顺序

频次范围:[1,∞)

示例:

创建者:索传军

6.2.1　机构

标识符:http://www.nlc.gov.cn/JNArt/terms/organization

名称:organization

出处:自定义

标签:机构

定义:论文作者所属机构的名称。

注释:论文作者所属机构的名称,一般与论文正文语种相同,通常
选取规范后的机构名称。

术语类型:元素修饰词

限定:创建者

频次范围:[0,∞)

示例:

  机构:国家图书馆

  机构:Library of Stanford University

6.2.2　责任者说明

标识符:http://www.nlc.gov.cn/JNArt/terms/explain

名称:explain

出处:自定义

标签:责任者说明

定义:论文作者的相关说明内容。

注释:说明责任者除机构和名称外的相关内容。

术语类型:元素修饰词

限定:创建者

频次范围:[0,∞)

示例:

  责任者说明:李明,男,研究馆员

6.2.3　责任方式

标识符:http://www.nlc.gov.cn/JNArt/terms/role

名称:role

出处:自定义

标签:责任方式

定义:责任者在资源内容形成过程中所承担的不同职责,即不同
  的责任方式。

注释:根据期刊论文的特点,责任方式主要包括撰写、编译、翻译
  等,默认为撰写。

术语类型:元素修饰词

限定:创建者

频次范围:[0,∞)

示例:

    责任方式:撰写

    责任方式:编译

6.2.4 责任者顺序

标识符:http://www.nlc.gov.cn/JNArt/terms/order

名称:order

出处:自定义

标签:责任者顺序

定义:责任者在资源内容形成过程中通过区分所承担的不同职责,而形成的责任顺序。

注释:责任者的排列顺序。

术语类型:元素修饰词

限定:创建者

频次范围:[0,1]

示例:

    责任者顺序:1

6.3 主题

标识符:http://www.nlc.gov.cn/core/elements/subject

名称:subject

出处:http://purl.org/dc/elements/1.1/subject

标签:主题

定义:期刊论文的主题描述。

注释:一般采用关键词、关键词短语或分类号来描述,建议使用规范化知识组织体系。

术语类型:元素

元素修饰词:分类号,主题词,关键词,其他语种关键词

16

频次范围:[0,∞)

示例:

主题:主题词:计算机辅助设计

主题:分类号:A711

6.3.1　分类号

标识符:http://www.nlc.gov.cn/JNArt/terms/classification

名称:classification

出处:http://purl.org/dc/elements/1.1/subject

标签:分类号

定义:根据特定分类法对期刊论文赋予的分类标识。

注释:根据特定分类法给出的反映文献内容的分类标识,可以有
　　多个。

术语类型:元素修饰词

限定:主题(subject)

编码体系修饰词:CLC,DDC,LCC,UDC,LASC 等

频次范围:[0,∞)

示例:

分类号:G252

分类号:41.32

6.3.2　主题词

标识符:http://www.nlc.gov.cn/JNArt/terms/subjectHeading

名称:subject heading

出处:http://purl.org/dc/elements/1.1/subject

标签:主题词

定义:根据特定主题词表对文献进行标引所采用的词或短语。

注释:主题词应严格参照主题规范词表著录。

术语类型:元素修饰词

限定:主题

编码体系修饰词:LCSH,MeSH,CT,CCT 等

频次范围:[0,∞)

示例:

　　主题词:用户

6.3.3　关键词

标识符:http://www. nlc. gov. cn/JNArt/terms/keyword

名称:keyword

出处:http://purl. org/dc/elements/1. 1/subject

标签:关键词

定义:关键词,使用语种与正文相同。

注释:正文语种的概括文献主题内容的名词、术语等,可以是非控
　　主题词。

术语类型:元素修饰词

限定:主题

频次范围:[0,∞)

示例:

　　关键词:人格特质理论

　　关键词:Web 日志挖掘

6.3.4　其他语种关键词

标识符:http://www. nlc. gov. cn/JNArt/terms/keywordAlternative

名称:keyword alternative

出处:http://purl. org/dc/elements/1. 1/subject

标签:其他语种关键词

定义:关键词,使用语种与正文不同。

注释:非正文语种的概括文献主题内容的名词、术语等,可以是非
　　控主题词。

术语类型:元素修饰词

限定:主题

频次范围:[0,∞)

示例:

  关键词:theory of personality trait

  关键词:Web LogMiner

6.4　描述

标识符:http://www.nlc.gov.cn/core/elements/description

名称:description

出处:http://purl.org/dc/elements/description

标签:描述

定义:期刊论文内容的说明。

注释:描述包括但不限于以下内容:文摘、资助说明及其他文字说明等。

术语类型:元素

元素修饰词:文摘,其他语种文摘,资助说明

频次范围:[0,∞)

示例:

  描述:从馆藏信息资源的优化配置、服务与需求间的和谐关系及构建和谐的内部管理三方面入手,阐述了高职院校图书馆要以"以人为本"的办馆理念、服务理念、管理理念来努力创建适应本校发展的服务模式,营造和谐的高校院校图书馆。(期刊论文的摘要)

6.4.1　文摘

标识符:http://www.nlc.gov.cn/JNArt/terms/abstract

名称:abstract

出处:http://purl.org/dc/terms/abstract

标签:文摘

定义:期刊论文内容的文摘。

注释:正文语种的期刊论文文摘,是对文章内容的概括。

术语类型:元素修饰词

限定:描述

频次范围:[0,1]

示例:

文摘:本文简要介绍了人格特征的概念和著名理论,在此基础上结合 CNNIC 发布的用户数据对用户进行分群。探讨了不同网络用户群的信息行为与其人格特征之间的关系。最后从网络信息内容的维度,对具体的影响和相关性进行了论证。

6.4.2　其他语种文摘

标识符:http://www.nlc.gov.cn/JNArt/terms/abstractAlternative

名称:abstract alternative

出处:http://purl.org/dc/terms/abstract

标签:其他语种文摘

定义:论文文摘,使用语种与正文不同。

注释:非正文语种的期刊论文文摘,是对文章内容的概括。

术语类型:元素修饰词

限定:描述

频次范围:[0,∞)

示例:

原文为日文(略)

其他语种文摘:In this presentation, we would like to review for recent studies of convective motion on binary fluid mixtures with both our published paper (Prog. Theor. Phys. 96(1996) 669.) by using the two-dimensional MAC scheme for computer simulation. Convection near thesaddle-node point develops modulation traveling wave...(注:正文为日文,附有日、英文

文摘。英文语种文摘作为其他语种文摘著录。)

6.4.3 资助说明

标识符:http://www.nlc.gov.cn/JNArt/terms/fund

名称:fund

出处:自定义

标签:资助说明

定义:期刊论文研究所受资助的基金名称。

注释:一般指期刊论文受到某个机构所设立的基金支持,可以具体到项目名称及项目编号。

术语类型:元素修饰词

限定:描述

频次范围:[0,∞)

示例:

资助说明:the Major State Basic Research Development Program under Contract NO. G20000774

6.5 其他责任者

标识符:http://www.nlc.gov.cn/core/elements/contributor

名称:contributor

出处:http://purl.org/dc/elements/1.1/contributor

标签:其他责任者

定义:对期刊论文内容创建做出贡献的其他责任者。

注释:通常指期刊论文的责任编辑,同时对论文提供贡献的个人、组织等,通常用其他责任者名称来标识。

术语类型:元素

元素修饰词:其他责任者机构,其他责任者说明,其他责任者责任方式

频次范围:[0,∞)

示例：

其他责任者：李四

其他责任者：Stanford Library committee

6.5.1 其他责任者机构

标识符：http：//www. nlc. gov. cn/JNArt/terms/contributorOrganiza-
tion

名称：contributor organization

出处：自定义

标签：其他责任者机构

定义：除论文作者外的其他责任者所属机构。

注释：其他责任者所属机构的名称，通常与论文正文语种相同，建
议选取规范后的机构名称。

术语类型：元素修饰词

限定：其他责任者

频次范围：[0,∞)

示例：

其他责任者机构：图书情报工作编辑部

其他责任者机构：Beijing University

6.5.2 其他责任者说明

标识符：http：//www. nlc. gov. cn/JNArt/terms/contributorExplain

名称：contributor explain

出处：自定义

标签：其他责任者说明

定义：其他责任者的相关说明内容。

注释：说明责任者除机构和名称外的相关内容。

术语类型：元素修饰词

限定：其他责任者（contributor）

频次范围：[0,∞)

示例:

　　　其他责任者说明:宋文,女,研究馆员

6.5.3　其他责任者责任方式

标识符:http://www.nlc.gov.cn/JNArt/terms/contributorRole

名称:contributor role

出处:自定义

标签:其他责任者责任方式

定义:其他责任者在资源内容形成过程中所承担的不同职责,即不同的责任方式。

注释:根据期刊论文的特点,其他责任者责任方式主要包括编译、翻译等。

术语类型:元素修饰词

限定:其他责任者(contributor)

频次范围:$[0,\infty)$

示例:

　　　其他责任方式:翻译

6.6　日期

标识符:http://www.nlc.gov.cn/core/elements/date

名称:date

出处:http://purl.org/dc/elements/1.1/date

标签:日期

定义:与期刊论文生命周期中某个事件相关的时间。

注释:日期可以用来表达任何级别粒度的时间信息。建议采用规范编码体系,如 ISO 8601[W3CDTF]。

术语类型:元素

元素修饰词:出版日期

编码体系修饰词:W3CDTF,period

频次范围:[1,1]

示例:

　　日期:出版日期:2009 – 03 – 05(论文出版日期)

出版日期

标识符:http://www.nlc.gov.cn/JNArt/terms/issued

名称:issued

出处:http://purl.org/dc/terms/issued

标签:出版日期

定义:刊登期刊论文这一期刊的出版时间。

注释:建议采用规范编码体系,如 ISO 8601[W3CDTF]。

术语类型:元素修饰词

限定:日期

频次范围:[1,1]

示例:

　　出版日期:2011 – 03(论文出版年月)

6.7　格式

标识符:http://www.nlc.gov.cn/core/elements/format

名称:format

出处:http://purl.org/dc/elements/format

标签:格式

定义:期刊论文的文件格式、物理媒体或尺寸规格。

注释:取值参照国家图书馆对象数据项目的相关成果。

术语类型:元素

频次范围:[1,∞)

示例:

　　格式:JPEG(文件格式)

　　格式:PDF(文件格式)

6.8 标识符

标识符:http://www.nlc.gov.cn/core/elements/identifier

名称:identifier

出处:http://purl.org/dc/elements/1.1/identifier

标签:标识符

定义:在特定范围内给予期刊论文的一个明确的标识。

注释:建议采用符合正式标识符体系的字符串进行标识,正式的
标识符体系包括但不限于统一资源标识符(URI)[包括统
一资源定位符(URL)]、数字对象唯一标识符(DOI)等。

术语类型:元素

编码体系修饰词:DOI,CDOI

频次范围:[1,∞)

示例:

标识符:doi:10.3969(期刊论文的 DOI)

标识符:cdoi:011001/001.003582409(期刊论文的 CDOI)

6.9 来源

标识符:http://www.nlc.gov.cn/core/elements/source

名称:source

出处:http://purl.org/dc/terms/source

标签:来源

定义:对当前期刊论文来源或所属集合的描述。

注释:记录析出当前期刊论文的来源或所属集合的全部信息,可
著录题名,也可著录数字对象唯一标识符(DOI)或国际标
准连续出版物编号(ISSN)等。

术语类型:元素

元素修饰词:卷信息,期信息,总期数

编码体系修饰词:DOI,ISSN,CN

频次范围:[1,∞)

示例:

来源:图书情报工作(题名)

来源:0913-5685(ISSN)

来源:doi:10.3969/j.issn.1672-7139(DOI)

6.9.1 卷信息

标识符:http://www.nlc.gov.cn/JNArt/terms/volume

名称:volume

出处:自定义

标签:卷信息

定义:期刊从创始年度开始按年度顺序逐年累加的编年号。

注释:期刊的卷信息,一般采用阿拉伯数字。

术语类型:元素修饰词

限定:来源

频次范围:[0,1]

示例:

卷信息:38

6.9.2 期信息

标识符:http://www.nlc.gov.cn/JNArt/terms/issue

名称:issue

出处:自定义

标签:期信息

定义:期刊年度中依时间顺序发行的期数的编号。

注释:期刊的期信息,一般采用阿拉伯数字。

术语类型:元素修饰词

限定:来源

频次范围:[0,1]

示例：

    期信息:12

6.9.3 总期数

标识符:http://www.nlc.gov.cn/JNArt/terms/totalIssue

名称:total issue

出处:自定义

标签:总期数

定义:期刊依时间顺序发行的总期数的编号。

注释:期刊的总期数信息,一般采用阿拉伯数字。

术语类型:元素修饰词

限定:来源

频次范围:[0,1]

示例:

    总期数:267

6.10 关联

标识符:http://www.nlc.gov.cn/core/elements/relation

出处:http://purl.org/dc/elements/relation

标签:关联

名称:relation

定义:相关资源,与本文具有同级关联关系的文献,如一篇论文的
    其他版本或者引用此论文的文献等。

注释:

  1)本标准仅描述相关资源的标识,不描述具体的相关关系
    类型(版本关联、被参照、格式转换等)。如有需要,可在
    应用时自行扩展。

  2)本标准优先根据正式的标识系统,通过一个字符串或一
    组数字标识所关联的文献资源。如 CDOI 或者 DOI。

术语类型:元素

元素修饰词:参考文献

频次范围:[0,∞)

示例:

> 关联:How Libraries Stack Up:2010 (《OCLC 成员报告:2010 图书馆现状》的英文版)

参考文献

标识符:http://www. nlc. gov. cn/JNArt/terms/reference

名称:reference

出处:http://purl. org/dc/elements

标签:参考文献

定义:期刊论文正文后或页脚所附参考文献。

注释:建议采用国家标准 GB/T 7714—2005《文后参考文献著录规则》。

术语类型:元素修饰词

限定:关联

频次范围:[0,∞)

示例:

> 参考文献:刘彻东. 中国的青年刊物:个性特色为本[J]. 中国出版,1998(5):36 –39.

6.11　语种

标识符:http://www. nlc. gov. cn/core/elements/language

名称:language

出处:http://purl. org/dc/elements/1. 1/language

标签:语种

定义:期刊论文采用的语种。

注释:建议本元素取值于受控词表(例如 ISO 639—2)。

术语类型:元素

元素修饰词:正文语种,其他语种

编码体系修饰词:ISO639—2(国际标准化组织的语种识别代码)

频次范围:[1,∞)

示例:

　　　语种:chi

　　　语种:eng

6.11.1　正文语种

标识符:http://www.nlc.gov.cn/JNArt/terms/textLanguage

名称:text language

出处:http://purl.org/dc/terms/text_language

标签:正文语种

定义:期刊论文正文采用的语种。

注释:建议取值于受控词表(例如:ISO 639—2)。

术语类型:元素修饰词

限定:语种

编码体系修饰词:ISO639—2(国际标准化组织的语种识别代码)

频次范围:[1,∞)

示例:

　　　正文语种:eng

　　　正文语种:jpn

6.11.2　其他语种

标识符:http://www.nlc.gov.cn/JNArt/terms/otherLanguage

名称:other language

出处:http://purl.org/dc/terms/other_language

标签:其他语种

定义:不同于正文语种的其他语种。

注释:建议取值于受控词表(例如:ISO 639—2)。

术语类型:元素修饰词

限定:语种

编码体系修饰词:ISO639—2(国际标准化组织的语种识别代码)

频次范围:[0,∞)

示例:

其他语种:eng

其他语种:jpn

6.12 时空范围

标识符:http://www.nlc.gov.cn/core/elements/coverage

名称:coverage

出处:http://purl.org/dc/elements/coverage

标签:时空范围

定义:期刊论文所涉及的空间或时间主题,期刊论文所适用的空间或资源所辖的范围。

注释:期刊论文所涉及的空间主题或所适用的空间范围可以是一个地名或地理坐标,时间范围可以是一个时间间隔、日期或日期范围。所辖范围可以是期刊论文所适用的行政实体或地理区域。建议采用受控词表。

术语类型:元素

频次范围:[0,∞)

示例:

时空范围:1966—1976

时空范围:中国

(期刊论文《论"文化大革命"对中国经济发展产生的影响》的时间范围和空间范围)

6.13 权限

标识符:http://www.nlc.gov.cn/core/elements/rights

名称:rights

出处:http://purl.org/dc/elements/rights

标签:权限

定义:期刊论文本身的所有者权利信息或被赋予的权限信息。

注释:期刊是否允许被免费下载。

术语类型:元素

频次范围:[0,∞)

示例:

    权限:中科院校园网范围内使用

    权限:馆内阅览

6.14 论文类型

标识符:http://www.nlc.gov.cn/JNArt/terms/paperType

名称:paper type

出处:自定义

标签:论文类型

定义:反映期刊论文内容的类别代码。

注释:为论文内容赋予相关类别,论文类型可自行定义。如果有
    相应的规范文档,可按规范文档的要求取值。

术语类型:元素

频次范围:[0,1]

示例:

    论文类型:研究性论文

    论文类型:述评性论文

6.15 范围

标识符:http://www.loc.gov/mods/v3/elements/extent

名称:extent

出处:http://www.loc.gov/mods/v3/elements/extent

标签:范围

定义:期刊论文的页码相关信息。

注释:包括期刊论文的总页数、起页和止页。

术语类型:元素

元素修饰词:起页,止页,总页数

频次范围:[0,1]

示例:

　　起页:12

　　止页:17

　　总页数:6

（期刊论文《论"文化大革命"对中国经济产生的影响》的起页、止页和总页数）

6.15.1　起页

标识符:http://www.nlc.gov.cn/JNArt/terms/startPage

名称:start page

出处:http://www.loc.gov/mods/v3/elements/start

标签:起页

定义:论文在文献编排中的起始位置信息。

注释:一篇论文在期刊文献编排中的起始页码。

术语类型:元素修饰词

限定:范围

频次范围:[0,1]

示例:

　　起页:15

6.15.2　止页

标识符:http://www.nlc.gov.cn/JNArt/terms/endPage

名称:end page

出处:http://www.loc.gov/mods/v3/elements/end

标签:止页

定义:论文在期刊中的结束和跳转页码。

注释:一篇论文在期刊中的结束和跳转页码,出现转页时,以逗号
分隔不同页码段。

术语类型:元素修饰词

限定:范围

频次范围:[0,1]

示例:

止页:20

止页:15,38

6.15.3 总页数

标识符:http://www.nlc.gov.cn/JNArt/terms/totalPage

名称:total page

出处:http://www.loc.gov/mods/v3/elements/total

标签:总页数

定义:论文在文献中所占页数总和。

注释:一篇论文在期刊文献中所占页数总和。

术语类型:元素修饰词

限定:范围

频次范围:[0,1]

示例:

总页数:6

第二部分　国家图书馆期刊论文元数据著录规则

研制说明

　　本著录规则根据"第一部分　国家图书馆期刊论文元数据标准"的基本原则,结合期刊论文的特点,参考期刊论文信息资源现状及现行规范制定。

　　本规则制定的目的是在期刊论文元数据元素集的基础上,提出期刊论文元数据的著录规则,作为应用"国家图书馆期刊论文元数据标准"的具体指南和参考,并作为数字图书馆对期刊论文进行描述和著录的依据。本规则详细说明了元数据的应用范围、适用对象,以及具体应用中应该遵循的原则、方法、过程、应用形式、例外情况和注意事项等。

1　范围

本规则提供国家图书馆期刊论文元数据描述和著录的指导性原则。

本规范以"期刊论文"为主要著录对象。"期刊论文"主要是指期刊的析出文献,是发表在期刊文献上的学术文章(不含简介、致谢、编者按、广告等)。除论文内容以外,期刊论文还包含作者姓名、所属机构等信息。

下列文件中的条款通过本规范的引用而成为本规范的条款。凡是注明日期的引用文件其随后所有的修改(不包括勘误的内容)或修订版均不适用于本规范。凡是不注明日期的引用文件,其最新版本适用于本规范。

DCMI DCSV：A syntax for representing simple structured data in a text string

DCMI 结构化取之：在文本串中表现简单的结构化数据的句法
< http：//dublincore. org/documents/dcmi-dcsv/ >

DCMI Metadata Terms. ［DCMI-TERMS］
DCMI 元数据术语集［DCMI-TERMS］
< http：//dublincore. org/documents/dcmi-terms/ >

ISO 639—2　Codes for the representation of names of languages. Alpha-3 code. ［ISO 639—2］
ISO 639—2　语种名称代码表：3 位代码［ISO 639—2］
< http：//www. loc. gov/standards/iso639-2/ >

Date and Time Formats，W3C Note. ［W3CDTF］

日期与时间格式,W3C 注释〔W3CDTF〕
< www. w3. org/TR/NOTE-datetime >

Getty Thesaurus of Geographic Names.〔TGN〕
地理名词叙词表〔TGN〕
< http://www. getty. edu/reserarch/conducting _ research/vocabularies/tgn/index. html >

ISO 3166　Codes for the representation of names of countries.〔ISO3166〕
ISO 3166　国家名词代码表〔ISO3166〕
< http://www. iso. org/iso/country_codes >

MIME Media Types.〔MIME〕
因特网媒体类型〔MIME〕
< http://www. iana. org/assignments. media-types >

Tags for Identifying Languages.〔RFC4646〕
语种标示表〔RFC4646〕
< http://www. ietf. org/rfc/rfc4646. txt >

Universal Resource Identifiers. (URI):Generic Syntax.〔RFC3986〕
统一资源标识符(URI):通用句法〔RFC3986〕
< www. ietf. org/rfc/rfc3986. txt >

Digital Object Identifiers(DOI).
数字对象唯一标识符(DOI)
< www. doi. org/topics/je-mh-doi-030970. pdf >

2 著录总则

2.1 著录内容

本规则著录内容包含"第一部分　国家图书馆期刊论文元数据标准"中规定的元素及修饰词。元素多复用已有的元数据标准,包括都柏林核心元数据元素集(1.1 版,2008 - 01 - 14,以下简称 DC),以及元数据对象描述模式元素集(3.4 版,以下简称 MODS),复用时严格遵守了其语义定义。当名称为两个或两个以上英文单词时,以小写英文书写,词间应空格;标签为中文,应词义准确,不应产生歧义,以便于计算机标记和编码,并保证与其他语种和其他元数据标准应用保持语义一致性;标签为中文,便于人们阅读。

2.2 著录单位

"期刊论文"主要是指期刊的析出文献,是发表在期刊文献上的学术文章(不含简介、致谢、编者按、广告等)。期刊论文资源的著录,均以资源的"篇"为著录单位,如期刊中的一篇论文。

根据 CONSER 的政策,对一篇论文不同文件格式的情形,只要内容一致,均视为同一著录对象,通过媒体等元素加以标识。尽可能著录揭示资源的内部和外部特征以及相关资源间的关系。在数字版和印刷版均有的情况下,以数字版特征为主著录,涉及其印刷版特征,则从印刷版中提取著录项。

2.3 著录信息源

著录信息源来自被著录的期刊论文本身,资源本身信息不足,可参考其他信息源或者其他有关文献资料。应首选为著录各元素/修饰词提供较全面数据的主要信息源,如所著录文献缺少主要信息源,可从各元素项最充分的其他信息源中选取著录数据。取自主要信息源以外的信息,或著录员自拟的著录内容,在著录时视需要在附注项说明著录来源。

2.4 著录项目、文字与符号

本规则规定的元数据著录项为"第一部分 国家图书馆期刊论文元数据标准"中规范定义的元素/修饰词,各元素/修饰词的必备性和可重复性规定见著录细则。

本规则不对元数据记录中各元素的排列次序做强制性的规定,应用时可根据需要自行决定元素的排列次序,即本规则的所有元素与顺序无关。同一元素多次出现,其排序可能是有意义的,但不能保证排序会在任何系统中保存下来。

本规则著录所用文字按资源对象所用文字客观著录。本规则强调客观著录,但允许对原有资源所提供的错误信息予以纠正。对于由著录人员给出的摘要、主题词等信息,著录文字可以用简体中文。

本规则相关建议和说明:

1)在著录与传统资源相关的信息资源时,著录内容中推荐使用ISBD(《国际标准书目著录》)规定的著录标识符;

2)在元素/修饰词可重复时,优先采用元素/修饰词重复的方式著录;

3)若 ISBD 的规定不适用或者元素/修饰词不可重复时,著录时使用 DCMI DCSV(Dublin Core Structured Values)规范,DCSV 规定分号用于并列的数据值的分隔,即如果有元素在著录时可能有超过一个的取值,值与值之间用分号隔开,其他的符号参见详细的 DCSV 规范(http://dublincore. org/documents/2006/04/10/dcmi-dcsv)。

2.5 元素说明事项

本规则中所有元素/修饰词均为非限制性使用,如果在特定期刊论文描述中使用,可进行必要的扩展,并增加使用说明。

元素的标签和定义采用一般性描述规则,但为突出资源的个性和元数据的专指性,更好体现此术语在应用纲要中的语义,允许在应用时根据资源情况重新赋予其适合的标签和具体的定义;同时,允许在应用时重新给出具体的定义,但语义上与原始定义不允许有冲突,不允许扩大原始的语义。

为促进全球互操作,部分元素/修饰词的值取自受控词表。同样,为了某些特定领域内的互操作性,也可以开发利用其他受控词表。

3 著录规则的内容结构

为保证著录的一致性,本规则对每一元素术语的内容规定了 9 个项目,并与"第一部分 国家图书馆期刊论文元数据标准"中的元素定义保持一致(见表 2-1)。

表 2-1 元素的定义和内容

项目	项目定义与内容
名称	赋予术语的唯一标记
标签	描述术语的可读标签
定义	对术语概念与内涵的说明
注释	关于术语或其应用的其他说明,如特殊的用法等
元素的著录内容	在元数据规范中,元素的定义通常是比较抽象的,对具体的资源对象在著录规则中可细化说明
规范文档	说明著录元素内容时依据的各种规范。取值可能来自各受控词表和规范。它可以和编码体系修饰词一致,也可以是适应具体需要而做出的相关规则

项目	项目定义与内容
必备性	说明元素是否必须著录。取值有:必备(M)、可选(O)、有则必备(MA)
可重复性	说明元素是否可以重复著录。取值有:可重复、不可重复
著录范例	著录元素时的典型实例

4 元数据著录细则

4.1 题名

名称:title

标签:题名

定义:论文题名。

注释:通常指期刊论文的正题名,包括对正题名的解释性题名。

元素的著录内容:

- 根据在论文中出现的形式著录;
- 题名的著录要严格按照各语种的语言习惯;
- 一篇完整的论文拆成几篇刊登时,在题名著录时保留编号或者接续字样。

必备性:必备

可重复性:不可重复

著录范例:

例1 (原文为:The sensory Basis of Prey Detection in Captive-born Grey Mouse Lemurs, Microcebus Murinus)

题名:The Sensory Basis of Prey Detection in Captive-born Grey Mouse Lemurs, Microcebus Murinus

例2　（原文为：Rural Diversification in the Baltic Countryside：a Local Perspective）

题名：Rural Diversification in the Baltic Countryside：a Local Perspective

例3　（原文为：千叶大学教养部研究报告 B）

题名：千叶大学教养部研究报告 . B

其他题名

名称：alternative

标签：其他题名

定义：除正题名以外的其他题名。可以替代正题名，或作为正题名的其他题名。

注释：该题名可以包括缩略题名和译名。

元素的著录内容：根据在论文中出现的形式著录；题名的著录要严格按照各语种的语言习惯。

必备性：有则必备

可重复性：可重复

著录范例：

例1　（题名：永久磁石による鉄球浮上に関する磁界解析）

其他题名：Magnetic Field Analysis for Levitation of an Iron Ball in Midair

例2　（题名：绳索牵引自动水平调节机器人的设计与实现）

其他题名：Design and Implementation of a Cable-driven Auto-levelling Robot

4.2　创建者

名称：creator

标签：创建者

定义：创建期刊论文内容的主要个人或团体。

注释:通常指期刊论文著者或者编译者,包括个人、组织等。

元素著录内容:

- 作者分为个人作者和团体作者两种形式,一般出现在论文题名和正文之间;
- 个人作者的姓名根据各国习惯著录,分隔符的使用遵照 ISBD 标注;
- 著录中国团体作者时,原文照录;
- 著录外国团体作者时,词首冠词应省略,各实词首字母大写,专有名词大写,其余字符的大小写根据各语种的书写习惯。

必备性:必备

可重复性:可重复

著录范例:

例1　创建者:Marcus Piep

例2　(名称:Melanie Hilario and Alexandros Kalousis)

创建者:Melanie Hilario

创建者:Alexandros Kalousis

例3　(名称:中国科学院技术转移中心成果转化办公室)

创建者:中国科学院技术转移中心成果转化办公室

例4　(名称:University of Science and Technology of China)

创建者:University of Science and Technology of China

4.2.1　机构

名称:organization

标签:机构

定义:论文作者所属机构的名称。

注释:论文作者所属机构的名称,通常与论文正文语种相同。

元素著录内容:

- 作者所属机构一般出现在论文题名下方的作者姓名之下或作者简介等处;

- 若同时存在全称和缩写,选择全称进行著录;
- 机构名称按照上下级隶属关系依次著录;
- 如果一个作者列有多个机构,应选论文发表时作者所在机构,作者机构可根据需要重复著录,一般对社团兼职信息(例如某个协会的主席等)不予著录;
- 如果作者所属机构为通用名称,如国家图书馆(National Library)、国家计量研究院(National Institute of Metrology)等,则需在机构名称后增加所在国别或地区信息,并置于括号内。

必备性:有则必备

可重复性:可重复

著录范例:

例1 (原文为:中国科学院文献情报中心)
机构:中国科学院文献情报中心

例2 (原文为:Corresponding author:Melanie Hilario, Computer Science Department, University of Geneva, Battelle Bat. A, 7 route de Drize, CH-1227 Carouge, Switzerland. Tel:+41 – 22 – 379 0222; Fax:+41 – 22 – 379 0250; Email:Melanie. Hilario@ cuiunige. ch
Melanie Hilario holds a PhD in Computer Science from the University of Paris VI and is Assitant Professor at the University of Geneva's Artificial Intelligence Laboratory. Her research interests include biological data and text mining.)(注:作者出现多个所属机构信息)
机构:University of Geneva, Computer Science Department

例3 (原文为:Mary Mallery is a associate dean for technical service at Montclair State University Library and chair of the technology committee for the New Jersey Library Association college and University Section…）（注：作者信息中包含社团兼职信息）

机构：Montclair State University Library

例4　（原文为：Hannaah Gascho Rempel is a blogger at info-doodads, as well as the biosciences librarian and graduate student services coordinator at Oregon State University Libraries. Her email address is hannah. rempel @ oregon-state. edu）（注：作者信息中包含其他兼职信息）

机构：Oregon State University Libraries

例5　（原文为：School of Geography, Politics and Sociology, University of Newcastle-upon-Tyne, Present Address：Global and World Cities Group, Geography Department, Loughborough University…）（注：作者信息中包含不同时期所属机构信息）

机构：University of Newcastle-upon-Tyne, School of Geography, Politics and Sociology

4.2.2　责任者说明

名称：explain

标签：责任者说明

定义：论文作者的相关说明内容。

注释：说明责任者除机构和名称外的相关内容。

元素著录内容：一般出现在文末，或起页的页脚；还包括责任者性别、出生年月、职称、其他兼职，曾发表论文数等内容。

必备性：有则必备

可重复性：可重复

著录范例：

例1　责任者说明：李明，男，研究馆员

例2　责任者说明：李明，男，研究馆员，已发表文献3篇

4.2.3　责任方式

名称:role

标签:责任方式

定义:责任者在资源内容形成过程中所承担的不同职责,即不同的责任方式。

注释:根据期刊论文的特点,责任方式主要包括撰写、编译、翻译等。

元素著录内容:根据期刊论文的特点,责任方式主要包括:撰写,翻译,编译等;在无明确责任方式时默认为撰写。

必备性:可选

可重复性:可重复

著录范例:

　　〔原文为:张飒(第一作者)〕

　　责任方式:撰写

4.2.4　责任者顺序

名称:order

标签:责任者顺序

定义:责任者在资源内容形成过程中因所承担的不同职责,而形成的不同的责任者顺序。

注释:期刊论文作者的排列顺序。

元素著录内容:没有作者顺序标识时,需依其出现的位置从左到右,从上到下给出作者顺序。作者顺序以阿拉伯数字(1,2,3……)表示;作者顺序以其他形式标识时,需转换为阿拉伯数字;只有一个作者时,亦需著录作者顺序,取值为1。

必备性:有则必备

可重复性:不可重复

著录范例:

　　例1　〔原文为:张飒(第一作者)〕

責任者顺序:1

例2　〔原文为:张飒(第二作者)〕

　　　责任者顺序:2

4.3　主题

名称:subject

标签:主题

定义:期刊论文的主题描述。

注释:一般采用关键词、关键词短语或分类号来描述,建议使用受控词表。

元素的著录内容:

- 通常使用经过筛选的、用以表达期刊论文主要内容的语词;
- 建议取自受控词表或规范的分类体系,根据所采用的规范表的规定著录。

必备性:有则必备

可重复性:可重复

著录范例:

例1　主题:分类号:F831.2

　　　规范文档:中图法分类号(CLC)

例2　主题:主题词:Java 语言

　　　规范文档:汉语主题词表(CT)

例3　主题:关键词:用户服务(关键词)

例4　主题:其他语种关键词:User service(其他语种关键词)

4.3.1　分类号

名称:classification

标签:分类号

定义:根据特定分类法对期刊论文赋予的分类标识。

注释:期刊论文标有多个分类号,须重复著录。

元素的著录内容:

- 建议采用规范文档中的分类体系著录分类号;
- 如果内容涉及不同的学科领域,可有多个分类号。

规范文档:DDC,UDC,LCC,CLC,LASC

必备性:可选

可重复性:可重复

著录范例:

    例1   分类号:D21

            规范文档:中国图书馆分类法(CLC)

    例2   分类号:DDC700

            规范文档:杜威十进制分类法(DDC)

4.3.2　主题词

名称:subject heading

标签:主题词

定义:根据特定主题词表对期刊论文进行标引所采用的词或短语。

注释:主题词应严格参照主题规范词表著录。

元素的著录内容:

- 当期刊论文中出现主题词时如实录入;
- 当期刊论文中没有出现主题词时,可不著录;
- 主题词个数一般选1—3个;
- 主题词应严格参照主题词表著录。

规范文档:LCSH,MeSH,CT,CCT 等

必备性:有则必备

可重复性:可重复

著录范例:

    例1   主题词:Image Processing

规范文档:美国国会图书馆主题词(LCSH)

例2　主题词:生物信息论

规范文档:汉语主题词表(CT)

4.3.3　关键词

名称:keyword

标签:关键词

定义:关键词,使用语种与正文相同。

注释:正文语种的概括文献内容的词,可以为非受控词。

元素的著录内容:

- 关键词一般位于文摘与正文之间的位置;
- 关键词个数一般选1—3个;
- 关键词的著录应符合各相应语种规范。

必备性:有则必备

可重复性:可重复

著录范例:

例1　关键词:Ho Chi Minh City

关键词:Urbanization

关键词:Water stress

例2　关键词:用户研究

关键词:行为研究

关键词:网络行为

4.3.4　其他语种关键词

名称:keyword alternative

标签:其他语种关键词

定义:关键词,使用语种与正文不同

注释:非正文语种的概括文献内容的词,建议取值于受控词表。

元素的著录内容:

- 关键词一般位于文摘与正文之间的位置;

- 关键词个数一般选 1—3 个；
- 关键词的著录应符合各相应语种规范。

必备性：有则必备

可重复性：可重复

著录范例：

  其他语种关键词：User Research

  其他语种关键词：Behavior Research

  其他语种关键词：WEB Behavior

4.4　描述

名称：description

标签：描述

定义：期刊论文内容的说明。

注释：描述包括但不限于以下内容：文摘、资助说明及其他文字说明等。

元素的著录内容：包括期刊论文的注释，期刊论文的揭示内容和期刊论文的资助说明等内容。

必备性：有则必备

可重复性：可重复

著录范例：

  例1　描述：1. 概述；2. 发展现状；3. 目前的应用现状；4. 总结……（目录）

  例2　描述：语义互联网主要在于提供计算机软件可以处理的元数据描述和信息表达方式。介绍了以 RDF 技术为基础的在 Web 上表达知识信息的方法，讨论了运用 RDF 描述集合方式来增强表示特定领域知识的能力（其他语种文摘）

4.4.1 文摘

名称：abstract

标签：文摘

定义：期刊论文内容的文摘。

注释：正文语种的期刊论文文摘，是对文章内容的概括。

元素的著录内容：

- 文摘通常编排在题名和作者之后；
- 如果没有文摘，可以由著录人员根据文章内容进行撰写，也可以选择不著录；
- 文摘的著录应符合各相应语种规范；
- 文摘字数原则上不超过 200 个字/词。

必备性：有则必备

可重复性：不可重复

著录范例：

例1　文摘：信息用户研究属于信息科学的一个研究领域，国外对信息用户研究始于 20 世纪 20 年代，迄今经历了三个不同的发展时期，每个阶段各有特点和局限。文章通过对这三个阶段的分析，梳理了国外信息用户研究的发展脉络，阐述了发展趋势。

例2　文摘：User profiles have been the basis for the user interface conception process, nonetheless these consist mainly of a concise set of user characteristics that do not account for the dynamics of the interaction with the systems, along which errors might occur. On the other hand, user programmable models have often been used to support system adaptability features and automatic testing.

4.4.2 其他语种文摘

名称：abstract alternative

标签:其他语种文摘

定义:论文文摘,使用语种与正文不同。

注释:非正文语种的期刊论文文摘,是对文章内容的概括。

元素的著录内容:

- 其他语种文摘通常编排在题名、作者和文摘之后,有多种语言的文摘,重复著录;
- 如果没有文摘,可以由著录人员根据文章内容进行撰写,也可以选择不著录;
- 文摘的著录应符合各相应语种规范;
- 主要语种文摘栏目通常以"文摘""摘要""abstract""summary"等作为标识;
- 文摘字数原则上不超过200个字/词。

必备性:可选

可重复性:可重复

著录范例:

例1 其他语种文摘: Предложен способ компенсации систематических погрешностей, обусловленных неидентичностью навигационных созвездий, для режима относительных определений аппаратуры глобальных навигационных спутниковых системах (ГНСС) по автономным решениям навигационной аппаратуры потребителей. Рассмотрены результаты экспериментальной проверки данного способа.

例2 其他语种文摘:トスボウイルスは,ゥィルス粒子の形状や分子構成が酷似していることから,動物ウィルスで構成されるブニャウィルス科にトスポウィルス属として分類されている。本ウィルスは外被膜を有する直径約80－120nm の球状ウィルスであり,その

中に長さの異なる3分節の ゲノムRNAを保有してい
る(Ullaman et al. , 2002)。

4.4.3　资助说明

名称:fund

标签:资助说明

定义:期刊论文研究所受资助的基金名称。

注释:一般指期刊论文受到某个机构所设立的基金支持,可以具
体到项目名称及项目编号。

元素的著录内容:资助说明一般出现在论文首页的脚注或在论文
结束之处;资助说明包括资助基金名称、项目名称及项目编
号;当出现多条资助信息时,重复该元素。

必备性:有则必备

可重复性:可重复

著录范例:

例1　资助说明:The Major State Basic Research Development
Program under Contract NO. G20000774

例2　资助说明:国家自然科学基金项目(60332010)

4.5　其他责任者

名称:contributor

标签:其他责任者

定义:对期刊论文内容创建做出贡献的其他责任者。

注释:通常指期刊论文的责任编辑,同时对论文提供贡献的个人、
组织等,通常用其他责任者名称来标识,根据所著录资源本
身提供的单一或多个责任说明按先后顺序分别著录。

元素著录内容:一般出现在文末;著录方式同创建者。

必备性:有则必备

可重复性:可重复

著录范例:

例1　其他责任者:永山國昭

例2　其他责任者:Kuniaki

4.5.1　其他责任者机构

名称:contributor organization

标签:其他责任者机构

定义:其他责任者所属机构的名称。

注释:其他责任者所属机构的名称,通常与论文正文语种相同。

元素著录内容:

- 其他责任者所属机构一般出现在其他责任者姓名之下或其他责任者简介等处,若论文中其他责任者的同一个所属机构出现多种不同的书写形式,均照录;

- 若同时存在全称和缩写,选择全称进行著录;

- 机构名称按照上下级隶属关系依次著录;

- 如果一个其他责任者列有多个机构,应选论文发表时其他责任者所在机构,其他责任者机构可根据需要重复著录,一般对社团兼职信息(例如某个协会的主席等)不予著录;

- 如果其他责任者所属机构为通用名称,如国家图书馆(National Library)、国家计量研究院(National Institute of Metrology)等,则需在机构名称后增加所在国别或地区信息,并置于括号内。

必备性:有则必备

可重复性:可重复

著录范例:

例1　其他责任者机构:University of Veterinary Medicine Hannover, Institute of Zoology

例2　(原文为:北京大学;国务院发展研究中心)

其他责任者机构:北京大学

例3　（原文为:王国强,郑州大学,武汉大学信息管理学院）
　　　其他责任者机构:郑州大学

4.5.2　其他责任者说明

名称:contributor explain

标签:其他责任者说明

定义:其他责任者的相关说明内容。

注释:说明其他责任者除机构和名称外的相关内容。

元素著录内容:一般出现在文末,或起页的页脚;包括其他责任者
　　　性别、出生年月、职称等内容。

必备性:有则必备

可重复性:可重复

著录范例:

例1　（原文为:王飞跃,男,高级工程师）
　　　其他责任者说明:王飞跃,男,高级工程师
例2　（原文为:王飞跃,男,高级工程师,IEEE Fellow）
　　　其他责任者说明:王飞跃,男,高级工程师,IEEE Fellow

4.5.3　其他责任者责任方式

名称:contributor role

标签:其他责任者责任方式

定义:其他责任者在资源内容形成过程中所承担的不同职责,即
　　　不同的责任方式。

注释:根据期刊论文的特点,其他责任者责任方式主要包括编译,
　　　翻译等。

元素著录内容:根据期刊论文的特点,其他责任者责任方式主要
　　　包括翻译,编译等。

必备性:可选

可重复性:可重复

著录范例：

　　〔原文为:鲁斯(编译)〕
　　其他责任者责任方式:编译

4.6　日期

名称:date

标签:日期

定义:与期刊论文期刊生命周期中某个事件相关的时间。

注释:日期可以用来表达任何级别粒度的时间信息。

元素著录内容:日期应与期刊论文的创建或利用的日期相关,如
　　出版日期。著录准确的或估计的创建日期或出版日期,建
　　议采用 ISO 8601〔W3CDTF〕中定义的格式,日期形式采用
　　年 – 月 – 日(YYYY – MM – DD)的格式。

规范文档:W3C – DTF,Period

必备性:必备

可重复性:不可重复

著录范例:

　　日期:出版日期:2009 – 03 – 05

出版日期

名称:issued

标签:出版日期

定义:刊登期刊论文这一期刊的出版时间。

注释:建议采用一个编码体系,如 ISO 8601〔W3CDTF〕。

元素著录内容:记录某期刊的正式出版时间;尽可能著录为完整
　　的日期格式,若没有详细数据,可以著录到月或年;年、月,
　　时间格式参照 W3CDTF 相关规定使用 YYYY – MM 的格
　　式;如果是英文的月份,转换为阿拉伯数字照录。

必备性:必备

可重复性:不可重复

著录范例:

　　出版日期:2009 - 05

4.7　格式

名称:format

标签:格式

定义:期刊论文的文件格式、物理媒体或尺寸规格。

注释:取值参照国家图书馆对象数据项目的相关成果。

元素著录内容:主要指资源的形式和尺寸;建议采用规范的表达
　　　　形式,如遵循 IMT[MIME](因特网媒体类型)或国家图书馆
　　　　对象数据项目的相关成果。

规范文档:IMT(因特网媒体类型)[MIME]

必备性:必备

可重复性:可重复

著录范例:

　　例1　格式:text/xml

　　　　　规范文档:IMT[MIME]

　　例2　格式:application/pdf

　　　　　规范文档:IMT[MIME]

4.8　标识符

名称:identifier

标签:标识符

定义:在特定范围内给予期刊论文的一个明确的标识。

注释:建议采用符合正式标识符体系的字符串进行标识、正式的
　　　　标识符体系包括但不限于统一资源标识符(URI)[包括统
　　　　一资源定位符(URL)]、数字对象唯一标识符(DOI)等。

元素著录内容：

- 建议对期刊论文的标识符采用符合规范标识体系的字符串或数字组合；标识体系包括但不限于统一资源标识符 URI[包括统一资源定位符(URL)]、数字对象唯一标识符(DOI)等；
- 如果一个或多个标准标识符分配给该期刊论文并为元数据机构所知，则至少从标准体系中著录一个标准标识符；
- 如果无法获得资源标识符，应用期刊论文引用来描述其出处信息(包括页码)。

规范文档：URI,DOI,CDOI

必备性：必备

可重复性：可重复

著录范例：

例1　标识符：doi:10. 1111/j. 1600 – 0714. 2004. 00225. x

　　　规范文档：数字对象唯一标识符(DOI)

例2　标识符：doi:011001/12354

　　　规范文档：国家图书馆数字对象唯一标识符(CDOI)

4.9　来源

名称：source

标签：来源

定义：与当前期刊论文来源或所属集合的描述。

注释：记录析出当前期刊论文的来源或所属集合的全部信息，可著录题名，也可著录数字对象唯一标识符(DOI)或国际标准连续出版物编号(ISSN)。

元素著录内容：

- 题名信息包括同语种或文字的正题名、分辑号、分辑名及其他题名说明文字;如果来源期刊有数字对象唯一标识符(DOI)、国际标准连续出版物编号(ISSN)或国内统一刊号(CN),则需分别著录;

- 对于多层次的分辑/册,每级的编号和题名都要著录,著录顺序依照文献信息源出现的次序;
- 各语种的题名信息著录依据其语言书写规范和语言习惯;
- 如果只有题名的简称形式,则选择简称题名著录;当题名信息源上同时有题名的全称和简称时,优先选择全称形式著录,简称形式可以作为题名说明文字著录在全称形式后面;
- 如题名含责任说明或出版者、发行者等的名称,而责任说明或名称是题名的一个组成部分(即,用语法格结尾或其他语法结构连接),将其作为正题名的一部分著录;
- 著录信息源上有多个不同语种或文字的题名,应选择与正文主要使用的语种或文字相同的题名。

规范文档:DOI,ISSN,CN

必备性:必备

可重复性:可重复

著录范例:

例1　来源:图书情报工作

例2　来源:Cytometry. Part B, Clinical Cytometry:the Journal of the International Society for Analytical Cytology (题名信息包含正题名、分辑号、分辑名和题名说明文字)

例3　来源:A Journal of Experimental and Theoretical Physics. A, Atomic and Molecular Physics Condensed Matter Physics Plasma Physics

例 4 来源:北京大学学报. 哲学社会科学版

例 5 来源:0254 – 4156(ISSN)

例 6 来源:doi:10. 3773/j. issn. 1005 – 264x(DOI)

4.9.1 卷信息

名称:volume

标签:卷信息

定义:期刊从创刊年度开始按年度顺序逐年累加的编年号。

注释:期刊的卷信息,一般采用阿拉伯数字。

元素著录内容:

- 著录卷编号,卷编号来自封面或目录页;
- 两卷或更多卷合并出版时用斜线"/"连接起止卷,斜线前后不空格;
- 卷编号以罗马数字或其他方式表示时,一律用阿拉伯数字填写;
- 卷编号中有字母或其他成分要照录;
- 卷编号采用一个以上标识系统时,照录,中间用分号分隔。

必备性:有则必备

可重复性:不可重复

著录范例:

例 1 (原文为:Vols. 1 – 3)

卷信息:1/3

例 2 (原文为:Vol. XXXII)

卷信息:32

例 3 (原文为:Vol. B39)

卷信息:B39

例 4 (原文为:Vol. 15/56)

卷信息:15 – 56

例 5　（原文为：Vol. 1；Vol. I）
　　　　卷信息：1；I

4.9.2　期信息

名称：issue

标签：期信息

定义：期刊年度中依时间顺序发行的期数的编号。

注释：期刊的期信息，一般采用阿拉伯数字。

元素著录内容：

- 只填写期的编号；
- 两期或更多期合并出版时用斜线"/"连接起止期，斜线前后不空格；
- 期编号以罗马数字或其他方式表示时，一律用阿拉伯数字填写；
- 无卷号、期号，只有月份或季度表示方式时，著录相应的月份或季度；
- 有期号，但该期又分为若干部分的，分期号加圆括号填写在期号后；
- 增刊、专刊填写在期号后，若无期号则直接填写增刊信息；
- 有期号，同时又有总期号，只填写期号。

必备性：有则必备

可重复性：不可重复

著录范例：

　　例 1　（原文为：Nos. 1，2 & 3，）
　　　　　期信息：1/3
　　例 2　（原文为：Part Three）
　　　　　期信息：3
　　例 3　（原文为：Summer）

期信息:Summer

例 4　(原文为:FEBURARY/MARCH,)

期信息:FEB./MAR.

例 5　(原文为:Number 753 Volume 1,)

期信息:753(1)

例 6　(原文为:No. 1 Suppl. 1,)

期信息:1 Suppl. 1

例 7　(原文为:Number 1 Special issue)

期信息:1 Special issue

4.9.3　总期数

名称:total issue

标签:总期数

定义:期刊依时间顺序发行的总期数的编号。

注释:期刊的总期数信息,一般采用阿拉伯数字。

元素著录内容:只填写总期数的编号。

必备性:有则必备

可重复性:不可重复

著录范例:

例 1　(原文为:总期数:258)

总期数:258

例 2　(原文为:总第 45 期)

总期数:45

4.10　关联

名称:relation

标签:关联

定义:相关资源,与本文具有同级关联关系的文献,如一篇论文的
其他版本或者引用此论文的文献等。

注释:采用符合正式标识体系的字符串进行标识。

元素著录内容:本标准仅描述相关资源的标识,不描述具体的相关关系类型(版本关联、被参照、格式转换等)。如有需要,可在应用时自行扩展。建议根据正式的标识系统,通过一个字符串或一组数字标识所关联的文献资源,如 CDOI 或者 DOI。

必备性:有则必备

可重复性:可重复

著录范例:

(题名:基于赋时事件图的周期可重构流水作业构形建模与优化)

关联:doi:10. 1016/j. aca. 2010. 08. 033

(注:当前资源英文版本"Cyclic Reconfigurable Flow Shop under Different Configurations Modeling and Optimization Based on Timed Event Graph"的 DOI)

参考文献

名称:reference

标签:参考文献

定义:期刊论文正文后或页脚所附参考文献。

注释:建议采用国家标准 GB/T 7714—2005《文后参考文献著录规则》。

元素的著录内容:包括充分的母体文献信息,期刊题名、ISSN、年、卷、期、页等信息。

必备性:有则必备

可重复性:可重复

著录范例:

例1　参考文献:刘彻东. 中国的青年刊物:个性特色为本[J]. 中国出版,1998(5):36 – 39.

例 2　参考文献：Zhang，Xiaolin. Driving digital libraries forward by metadata development. DCMI 2004，Shanghai，2004

4.11　语种

名称：language

标签：语种

定义：期刊论文采用的语种。

注释：本元素取值于受控词表 ISO 639—2。

元素著录内容：依据 ISO 639—2（世界语种代码表），以三位代码形式著录。

规范文档：ISO 639—2

必备性：必备

可重复性：可重复

著录范例：

　　　例 1　语种：jpn（正文语种）

　　　例 2　语种：chi（其他语种）

4.11.1　正文语种

名称：text language

标签：正文语种

定义：期刊论文正文采用的语种。

注释：建议取值于受控词表（例如 ISO 639—2）。

元素著录内容：正文所采用的语种。

规范文档：世界语种代码表（ISO 639—2）

必备性：必备

可重复性：可重复

著录范例：

　　　例 1　正文语种：eng

　　　例 2　正文语种：jpn

4.11.2 其他语种

名称:other language

标签:其他语种

定义:不同于正文语种的其他语言。

注释:建议取值于受控词表(例如 ISO 639—2)。

元素著录内容:文摘、关键词等除采用正文语种之外,还以其他语种撰写。

规范文档:世界语种代码表(ISO 639—2)

必备性:可选

可重复性:可重复

著录范例:

例1　其他语种:eng

例2　其他语种:jpn

4.12　时空范围

名称:coverage

标签:时空范围

定义:期刊论文所涉及的空间或时间主题,期刊论文所适用的空间或资源所辖的范围。

注释:期刊论文所涉及的空间主题或所适用的空间范围可以是一个地名或地理坐标,时间范围可以是一个时间间隔、日期或日期范围。所辖范围可以是期刊论文所适用的行政实体或地理区域。建议采用受控词表。

元素的著录内容:

- 时空范围一般包括空间位置(地名或地理坐标)、时间范围(资源内容的起止年)、时间区间(一个时间标识,日期或一个日期范围)、权限覆盖范围(如命名的授权实体);

- 应著录与期刊论文内容相关的重要时空特征,一般指古

今地名、时代和时间过程;

- 建议使用规范词表,并尽可能使用由数字表示的坐标或日期区间来描述地名与时间段。

必备性:可选

可重复性:可重复

著录范例:

例1 (原文为:中国西部地区水资源开发利用)

时空范围:西部地区,中国

例2 (原文为:"文化大革命"对中国经济产生的影响)

时空范围:1965—1976,中国

4.13 权限

名称:rights

标签:权限

定义:期刊论文本身的所有者权利信息或被赋予的权限信息。

注释:期刊是否允许被免费下载。

元素的著录内容:包括使用权限说明及其他相关产权说明。

必备性:有则必备

可重复性:可重复

著录范例:

例1 权限:中科院校园网范围内使用

例2 权限:馆内阅览

4.14 论文类型

名称:paper type

标签:论文类型

定义:反映期刊论文内容的类别代码。

注释:为期刊论文内容赋予相关类别,论文类型可自行定义。如果有相应的规范文档,可按规范文档的要求取值。

元素著录内容:为期刊论文内容赋予相关类别,论文类型可自行
定义。

必备性:可选

可重复性:不可重复

著录范例:

例1　论文类型:其他类型

例2　论文类型:研究型

例3　论文类型:述评性文献

例4　论文类型:数据型

4.15　范围

名称:extent

标签:范围

定义:期刊论文的页码相关信息。

注释:包括期刊论文的总页数、起页和止页。

元素著录内容:包括期刊论文的起页、止页和总页数等信息;建议
使用阿拉伯数字来标识。

必备性:有则必备

可重复性:可重复

著录范例:

范围:1—5

4.15.1　起页

名称:start page

标签:起页

定义:论文在文献编排中的起始位置信息。

注释:一篇论文在期刊文献编排中的起始页码。

元素著录内容:

- 如论文页码中出现非阿拉伯数字的罗马字符、汉字或字母等,照录;
- 如论文页码中出现"P""Page"或其他前缀,不实际表示编排位置信息,只是表示页码的含义,则不予著录;
- 页码在文献编排中有可能标识不连贯,此时需要根据前后页码数值判断该页页码数。

必备性:有则必备

可重复性:不可重复

著录范例:

    例1 (原文为:P15)

          起页:15

    例2 (原文为:Page ii)

          起页:2

4.15.2　止页

名称:end page

标签:止页

定义:期刊论文在文献中的结束和跳转页码。

注释:一篇论文在期刊文献编排中的结束或跳转页码。

元素著录内容:

- 止页出现"P""Page"或其他引导标识,不予著录;
- 出现转页时,以逗号分隔不同页码段;
- 转页之后如果包含新的起页和止页信息,起页和止页之间以短横线分隔;
- 页码在文献编排中有可能标识不连贯,须根据前后页码实际数值判断。

必备性:有则必备

可重复性:不可重复

著录范例:

例 1 （原文为:P23）

止页:23

例 2 （原文为:在第 15 页出现"continued on page 54",然后
到第 56 页结束）

止页:15,54—56

4.15.3 总页数

名称:total page

标签:总页数

定义:论文在文献中所占页数总和。

注释:一篇论文在期刊文献中的总页数。

元素著录内容:论文中穿插有完整广告页,或页码信息中含有非
阿拉伯数字的符号,则需要人工计算出论文总页数并著录
于此,不满一页的按一页来处理。

必备性:有则必备

可重复性:不可重复

著录范例:

例 1 （原文为:P5—9）

总页数:5

例 2 （原文为:P12—15,35）

总页数:5

附录 A

著录样例

A.1 中文样例

题名:SNS 对图书馆信息服务网站建设的借鉴

其他题名:SNS and the reference to the building of the library service
webs

创建者:黄金霞

机构:中国科学院文献情报中心

责任者说明:黄金霞,女,副研究馆员

责任方式:撰写

责任者顺序:1

创建者:宋文

机构:中国科学院文献情报中心

责任者说明:宋文,女,研究馆员

责任方式:撰写

责任者顺序:2

创建者:景丽

机构:中国科学院文献情报中心

责任者说明:景丽,女,馆员

责任方式:撰写

责任者顺序:3

出版日期:2009 – 07

参考文献:刘二海. 社交网络的大机会[J]. 投资与合作,2008
(7):97 – 97.

参考文献:不是一个网站,而是一个理念:开发利用社交网络的力
量[J]. 成功营销,2008(8):44 – 45.

参考文献:T. Peter Ramsey. Social Networking Services:Library
Collaboration 2.0?[D]. University of North Carolina,2008.

分类号:G250. 7

分类号:TP393. 092

主题词:图书馆服务

关键词:社交网络服务

关键词:图书馆服务网站

关键词:专业领域知识环境

其他语种关键词:Social networking service

其他语种关键词:The library service web

其他语种关键词:The Subject Knowledge Environment

文摘:为建设更贴合用户使用意愿的信息服务网站,并可能降低
信息服务网站的推广成本,图书馆似乎可以从社交网络服
务(SNS)得到一些启发。在对目前广受关注的 SNS 的应用
和发展的综述,以及对部分 SNS 网站调研的基础上,探讨
SNS 元素在图书馆信息网站的服务功能设计和推广成本降
低等方面的借鉴作用,并试图实践性地应用在中国科学院
专业领域知识环境的系统需求设计中,以期为用户提供更
容易、更愿意参与的虚拟知识环境。

其他语种文摘:To build the user-interested and satisfying service
webs and reduce the cost on popularizing the web servings,
libraries may get some illuminations from social networking
services(SNS). Based on the review on the application and

the development of SNS and the investigation on the most popular SNS websites, the references from the SNS to the construction of library service web were firstly discussed. Then, an exploring design on the web system was made during the building of the Subject Knowledge Environment (SKE) of Chinese Academy of Sciences which is aimed to provide an easy-to-be-used and want-to-be-used virtual environment for researchers.

正文语种：chi
其他语种：eng
格式：pdf
标识符：doi：011001/001.002009217
权限：中科院范围内可下载
来源：图书情报工作
来源：2095－0586
卷信息：53
期信息：21
论文类型：研究型
起页：34
止页：37
总页数：4

A.2　外文样例

题名：步行者 ITS 用 GPS および無線 LAN の屋外伝送特性について
其他题名：行人室外无线传输和 GPS 传输特性
创建者：中村康久
机构：株式会社 NTT ドコモユビキタスサービス部

责任者说明:中村康久,男,教授

责任方式:撰写

责任者顺序:1

创建者:橋本拓也

机构:株式会社NTTドコモユビキタスサービス部

责任者说明:橋本拓也,男,教授

责任方式:撰写

责任者顺序:2

创建者:杉本千佳

机构:東京大学大学院新領域創成科学研究科

责任者说明:杉本千佳,男,教授

责任方式:撰写

责任者顺序:3

其他责任者:山本大郎

其他责任者机构:電子情報通信学会

其他责任者责任方式:责任编辑

出版日期:2006-10

参考文献:金显贺,王昌长,王忠东,等.一种用于在线检测局部
放电的数字滤波技术[J].清华大学学报(自然科学版),
1993,33(4):62-67.

参考文献:Bachmann W,1973. Verallgemeinerung and Anwendung
der Rayleighschen Theorie der Schallstreuung. Acustica,28
(4):223-228.

分类号:TN91

主题词:GPS

主题词:无线电波

关键词:步行者 ITS

关键词:GPS

74

关键词：無線

其他语种关键词：footer ITS

其他语种关键词：GPS

其他语种关键词：wireless

文摘：歩行者に対するITSを実現するためには，GPS 測位による
高い位置精度と，無線LANをはじめとした近距離無線技
術による高水準の通信環境が必要になる

其他语种文摘：The effectiveness of GPS and wireless LAN that was
an indispensable technology to achieve pedestrian ITS was
considered and the transmission characteristic

资助说明：The Major State Basic Research Development Program un-
der Contract NO. G20000774

正文语种：jpn

其他语种：eng

格式：pdf

标识符：doi：011001/001.003582409

标识符：codi：10.1029/2002JD002251

权限：北大校园网范围内可下载

来源：電子情報通信学会技術研究報告．ITS

来源：0913－5685

卷信息：106

期信息：8

总期数：436

论文类型：研究型

范围：13－17

总页数：5

参考文献

［1］DCMI Usage Board. DCMI Metadata Terms. ［2009 - 12 - 24］. http://dublincore. org/documents/dcmi-terms/

［2］DCMI Metadata Terms. ［2009 - 12 - 24］. http://dublincore. org/2008/01/14/dcterms. rdf

［3］MODS：Metadata Object Description Schema. ［2009 - 12 - 24］. http://www. loc. gov/standards/mods/

［4］METS：Metadata Encoding & Transmission Standard. ［2009 - 12 - 24］. http://www. loc. gov/standards/mets/

［5］vCard. ［2009 - 12 - 27］. http://www. imc. org/pdi/vcardoverview. html

［6］AMS：Administrative Metadata Specifications Of the Nation Library of China

［7］Zhang，Xiaolin. Driving digital libraries forward by metadata development. DCMI 2004，Shanghai，2004

［8］国家图书馆专门元数据项目组．国家图书馆专门元数据设计规范，2010

［9］国家图书馆管理元数据项目组．国家图书馆管理元数据规范(最终稿 1.0 版本)，2009

［10］国家图书馆核心元数据项目组．国家图书馆核心元数据标准，2010

［11］国家图书馆数字资源唯一标识符项目组．国家图书馆唯一标识符规范(征求意见稿)，2008

后　记

　　本书是以"国家图书馆专门元数据标准与著录规范——期刊论文"项目成果为基础编写而成,满足图书馆对期刊论文的描述、定位、揭示、管理需求,目的是为数字时代期刊论文的规范化描述和管理提供应用指南。

　　2009 年 7 月,中国科学院文献情报中心承接了"国家图书馆专门元数据标准与著录规范——期刊论文"项目的建设任务,组建了以张建勇研究馆员为组长,由刘峥、鲁宁、曾燕、邱玉婷、郭舒等同志组成的项目组,并开始项目研究。同时国家图书馆为了保证项目的完成质量,也成立了专门的团队配合项目组工作,团队成员有王洋、曹宁、贺燕、杨静、王彦侨、槐燕、肖红、刘小玲等同志。在此后的项目研究过程中,项目组调研分析了当前世界范围内比较有代表性的期刊论文相关元数据标准规范,如在 MARC 基础上开发出的 MODS、Pubmed 的元数据规范、Web of Science 的期刊论文和会议论文的 DTD 等,并分析了上述系统的数据样例。重点参考了我国科技部科技基础研究重大科技专项"我国数字图书馆标准规范研究"子项目"专门数字对象元数据标准规范研究"的研制成果《期刊论文描述元数据规范》等。项目组对国家图书馆的期刊论文元数据需求进行了实地调研,与国家图书馆的工作团队展开深入讨论,进一步明确了国家图书馆期刊论文描述的需求,即重点在于揭示期刊论文的本质内容特征。

　　2009 年 10 月 30 日,项目组向国家图书馆提交了《期刊论文元数据规范》征求意见稿。其后,经过多次意见征询,项目组进行了十余次的文稿修改,特别是根据《国家图书馆核心元数据应用规范》和《国家图书馆专门元数据设计规范》全面修改了文稿,最终通过了国家图书馆工作团队的认可。2012年6月27日通过馆内专家组验收,2012年9月20日至10月4日完成项目成果的网站公开质询,2012年11月27日通过国内业界专家验收。

在规范的研制过程中,得到了国家图书馆富平研究馆员、顾犇研究馆员、王志庚研究馆员、毛雅君副研究馆员、杨东波高级工程师等专家、同仁的帮助与支持,也得到清华大学图书馆姜爱蓉教授、中国科学技术信息研究所曾建勋研究员、北京师范大学信息管理系耿骞教授、中国科学技术信息研究所沈玉兰研究员、中国社科院图书馆蒋颖研究馆员、北京大学信息管理系王继明副教授等的多方帮助,在此致以诚挚的谢意。

希望本书一方面在国家图书馆或更广泛的业界应用中起到应有的作用;另一方面可以充实我国元数据标准规范体系,并成为其他元数据规范研制的参考。

编者
2014 年 9 月